꽃비주의보

꽃비주의보

초판 1쇄 인쇄 | 2025년 1월 15일
초판 1쇄 발행 | 2025년 1월 17일

지 은 이 | 조형은
펴 낸 이 | 박세희

펴 낸 곳 | (주) 도서출판 등대지기
등록번호 | 제2013-000075호
등록일자 | 2013년 11월 27일

주 소 | (153-768) 서울시 가산디지털2로 98.
       2동 1110호(가산동 롯데IT캐슬)
대표전화 | (02)853-2010
팩 스 | (02)857-9036
이 메 일 | sehee0505@hanmail.net

편집 디자인 | 박세원

ISBN 979-11-6066-114-9
ⓒ 조형은 2025. Printed in Seoul. Korea
값 12,000원

• 잘못된 책은 바꾸어 드립니다.

꽃비주의보

조형은 시집

등대지기

| 시인의 말 |

'표현'이라는 것은 참으로 알 수 없는 것이라는 생각을 하면서 자랐다.

똑같은 인물을 다룬 위인전이라 할지라도 작가들마다 조금씩 달라 처음에는 너무 이상스러웠지만 나중에는 매력을 느끼게 되었다.

사람마다 보는 시각이 다른 것과 이상 또는 환경 등을 생각해보는 재미를 느끼게 되었다. 그래서 나는 동네에서 책 빌리러 다니는 아이가 되었다.

당시에는 지금처럼 도서관이 활성화 되어 있지 않았고 어쩌다 한 두 곳이 있을 뿐이었다.

그렇지만 어린이들이 있는 집에는 위인전, 백과사전, 동화 등의 책들을 많이 구비하였기에 그저 나는 집집마다 돌아다니면서 책을 빌릴 수 있었다. 집에 그 위인전이 있고 심지어 읽기까지 했지만…

지금은 위인전에서 더 넓게 확대되어 글 쓰는 분들의 표현력에 집중하려고 노력한다.

그리고 바람소리들을, 빗소리들을, 꽃이 피는 소리 등을 내 나름대로 표현해 보고 싶다는 생각을 하게 되었다.

그들에게 소리 등을 주어 또 다른 생명을 가진 그들의 모습을 그려보고 싶다는 생각을 하지만 아직은 마음뿐인 것 같다.

2025년 1월

조형은

|차례|

시인의 말 · 04

제1부

화분…13
꽃이여…14
해맞이…15
달항아리…16
가을은…17
빗소리…18
유리창과 걸레…19
라일락…20
파리…21
낙엽…22
볼링…23
초가을 바람…24
모기…25
빈터…26
폭포…27
개나리…28
나팔꽃…29
동그란 연필…30
채송화…31

제2부

벚꽃…35
어울림…36
별꽃…37
다람쥐…38
품타…39
시계…40
수건…41
태풍…42
비온 뒤…43
사근포구…44
화무십일홍…45
노을길에서…46
햇살 튀기는 소리…47
도롱농…48
오이도…50
빗줄기…51
삼토일배…52
천기누설…53
꽃비주의보…54

제3부

소나기…57
파도…58
힘…59
아까시…60
시깎기…61
수련…62
빗방울과 바람에 무게…63
따지기 강…64
감나무 집…65
그림자 밟기…66
봉선화…67
나의 땅, 너의 땅…68
야생마…69
단풍…70
출렁다리…71
피아노…72
고양이 울음…73
눈빛…74
수양벚나무와 버섯…75

제2부

낙서- 달…79
달맞이꽃…80
길…81
시인…82
바람의 키…83
누렁이…84
판소리…85
달님…86
뚫어…87
순간접착제…88
너와 집…89
줄타기…90
훌라후프…91
강아지풀…92
선운사…93
바람조차 밀어낸 소리…94
민들레…95
작은새…96
탑돌이…97

1부

화분
– 새켜민

이 해 들어 가장 추웠건 날.
마당 지키다가 꽁꽁 언 화분
이미 가지의 반은 얼었지만
파란브분 아직 남은 것 보니
용케 뿌리 살았구나
반가음에 얼른 방에 닺았는데
잎 노랭이 생겨 뚝뚝 떨어지네
남은 이파리 하나 씩 닦으며
생기 불어 넣어도
정성이 부족한 걸까
멀리서 들리는 봄바닫소리
햇살까지 들락거리자
새잎 돋는 작은 기미*
마당에 나간 그는
아침저녁으로 물만 들이켜더니
숨 한번 고르고는
점점 커지는 새파란 소리

* 낌시나 눈치

꽃이여

풀죽은 오토바이,
호시탐탐 때 기다려
허리 곧추 세운 채
중얼중얼 대며 빙그르르
하늘 높은 줄 모르는 빌딩 사이로
요리조리 비탈길 올라
몇 천 년 갈고 닦은 바람길 쫓아서
라면봉지 날으는 좁은 골목 지나
토라진 돌 돌아앉은 산길 훌쩍 넘어
너럭바위 위에서 숨 고르는
꽃이여

해맞이

저마다의 눈길 모여 앉아
눈빛에 웅성거림 속에서도
용케 누워 있는 그,
심장 있음직한 곳 가까이
두 손 정갈히 모은 채
귀 활짝 열고
심폐소생술 하네
두근
두근
두근
가늘게 눈뜨는 소리

달항아리

숨 들이쉴 줄만 아는 남자
호흡 내뱉을 줄만 아는 여자
달빛으로 꽁꽁 묶어
몇날 며칠
불구덩이에 던져두었더니
한 줄 흔적으로 달빛 날아가고
눈빛 주는 것조차 조심스런
달덩어리로 남았네

가을은

가을은
열매와 나무를
빨갛게 데리고
산으로 올라가네

어느 날은
얼굴이 노랗게
높은 음으로 고함지르더니
또 하루는
불그죽죽한 낮은 음으로
언덕을 내려오네

빗소리

어느 새
들국화 꽃, 꽃잎에까지
비가 내리네

비가 내리네
동학군의 비명소리처럼
거세지는 더 거세지는
창밖에 빗소리를 헤아리던
창호지 바른 완자문도
까무룩 잠이 드는데
십 년 전에 돌아가신 할머니
어쩐 일로
버선발 흠뻑 젖으셨을꼬

가을은
빗소리마저
맑게 씻겨 저리 푸르네

유리창과 걸레

남들은 나이 들면
잘 보이던 것도 흐릿해진다는데
아직 나무와 꽃
멀리서도 또렷이 볼 수 있는 건
그의 덕이라는 것 인정해요
빗소리 들리면
어김없이 나타난 그는
제 눈동자 깨끗이 닦아주고
눈 내리는 소리에는
재빠르게 얼룩들 지우니까요
그런데 햇살이 다가오는 기미
어떻게 알아챘을까요
햇발이 조용히 오다 몇 번 미끄러지더니
이젠 아예 멀리서 눈인사만
찡긋,
도로 달려가 버려요

라일락

또르르르
공 구르자
얼른 주어와
뻥 찼다가
다시 가져 오는 아이,
이리 기웃 저리 기웃
하나 둘 모여드는 매주러기들
일제히 함성 질러
땀내 풍기며
이 골목 저 골목 달리는
개구쟁이들

파리

유치장에 갇힌 강간범
딱히 할 일 없어
맥 놓고 앉았는데
그가 깨끗이 비운 밥그릇위에
파리가 앉아 왱왱거리며 노려보네
그 눈빛 꽤 도발적이었는지
지나던 파리
뒤에서 살그머니 껴안으려하자
그는 재빨리
파리채 들어 내리 치네

낙엽

만국기 펄펄 함성 지르자
출발선에 선 채
몸 풀기에 여념 없는 그들
운동장 한 바퀴돌 때
가을바람에게 제법 우스갯소리 건네더니
저 멀리 결승점 보이자
새빨개진 얼굴
개중에는
노랗게 질린 모습도 있네
바람의 응원소리에 잔뜩 부풀은 그들
결승점에 도착하자마자 하나 둘 나뒹구네

볼링

허리 쭉 편 채
시선 한 곳에 고정시켜
공 굴리니
와르크 뒹구는 핀들
함성 섞인 손뼉소리
어디 나도 한번 해 볼까
목표굴에 잔뜩 눈길 주고
제법 호흡에도 신경 쓰며
힘껏 공 던졌는데
이런 거터*로 빠지다니
자세가 올바르지 못했나
아니면
어깨에 힘 너무 실었나

* 볼링의 도랑

초가을바람

색바람이 붓을 들고 흔적 남기네
강물 옆에 있는 나무에
붉고 노란 물감들
이파리위에 뭉뚝뭉뚝 찍네
삐딱하게 선 채
깊은 상념에 빠진 그는
목탄 집어 들어
강물위에 굴곡선 가로로 긋고
흔들흔들 떠 있는 식빵조각으로
사알살 문지르자
은빛물결,
서서히 나타나 잔잔히 흐르네

모기

몇 굉년이나 떨어진 달빛
바람 속 통과하다가
그만 모기와 부딪쳤네
급히 피가 필요한 그는
달빛 한 번 쏘아 보고는
나에게 계속 사정하지만
끝까지 모른 척 하자
여전히 밝은 보름달 아래서
부르르 온몸 떨더니
강제로 수혈해 갈 틈만
호시탐탐 노리네

빈터

몇 해 째
피어나는 들풀마저 먼지 빛이네
햇살은 날마다 몰려 와 와글거리나
한번도 먼지를 털어주지 않네
저만치 삐죽이 기운 시영아파트
버려진 듯한 빈터에서는 지금
역시 삐죽한 아파트 닮은 아이들이
땅따먹기에 여념 없네
송곳 꽂을 땅조차 아쉬운 어버이에게
조금이라도 더 드리려는 걸까
한 손을 짚고
찢어지게 뼘 그을 때마다
갈갈이 찢기는 지맥
해오름 덧 치면 분계선 어디쯤에
자규 울겠네

폭포

힐긋힐긋 눈치 보면서
십 년 만에 여행가는
여고동창생들,
바깥풍경 꽤 익숙해졌을 때
심하게 흔들리는 버스
일제히 운전수에게 한 마디 쓱 던지더니
어느 새
침 튀기며
한꺼번에 십 년 쏟아 놓고
끄덕끄덕
아예 눈 감는 여고동창생들

개나리

생각지도 않았던
빗방울이 던지고 간 소식 몇 자에
창문 열어 놓은 채 였어
똑. 똑. 똑
오이를 썰 때의 상큼함이
지금
축 늘어진 가지들 일으키며
무심코 마실 나온 햇살에 부딪쳐
땡그랑 땡 땡
종소리로 이 계절 흔들었어

나팔꽃

새벽이 걸어오는 소리
방문 열리고 닫히는 소리
화장실문 여닫히는 소리
부엌문 살그머니 열리는 소리
불 밝히는 소리
대문 열리는 소리
그리고
문 닫히는 소리

동그란 연필

선물로 받은 동그란 연필
이것으로 무엇을 쓸까
향냄새 맡으며 깍다 보니
연필심이 드러났네
촉을 너무 싹싹 갈았는지
금방 부러 지네
이제는 연필심이 겨우 보일 만큼
나무를 벗기듯 칼로 살살 깍네
촉도 날카롭지 않게 갈았네
그러자
사각사각 소리가 나며
글이 부드럽게 써지네

채송화

얼떨결에 샛길 들어설 때
돌담장 아래서 우연히 마주친 너,
온산천 무릎으로 구불구불 달려 온
긴 다리
아무렇지도 않게 척척 포개놓으니
툭툭 불거져 나온 천형에
피멍까지 맺혀
기어이 고함 내지르네

벚꽃

새가 뿌려 놓은 섬,
매달려도 흔들어도 끄떡없더니
뜨락 향해 살며시 내려앉네
흩어진 제 꽃잎 보고
지나는 바람에도 손짓하고
지구귀퉁이 떠받친 채
자꾸 눈 감는 건
깊어진 계절
더욱 멀리 보려는 것인가

어울림

좋아서
너무 좋아서
마주 섰더니
눈빛 서로 겹치고 겹쳐
말다툼 끊이질 않네

미워서
너무 미워서
뒤 돌아 섰더니
눈빛 서로 다른 곳에 있어
그제야 상대눈빛 찾네

별꽃
– 세월호

세찬 바람 들어
깜짝깜짝
눈 갔았다 뜨는 별꽃,
달빛타고 은하수 걸어
밤하늘 겨우 내려 왔는데
하필이면 된 바람 속이라니
아려서
시려서
도로 눈 감네

다람쥐

두 손 포갠 채
땅에 시선 꽂아
이쪽으로 갈까
저 길로 떠날까
낙엽과 싸목싸목 걷던 나는
길 위에 밤 한 톨 떨어져 있어
재빨리 뛰어가 두 발로 까서
밤세알, 턱 밑에 감추고 입 양쪽에 넣네
또 떨어지지 않을까
하늘 올려다보는데
욕심이 너무 지나쳤나
갈잎 위 발자국소리에 깜짝 놀라
힐긋힐긋 뒤를 보네

품바

종잇장보다 얇은 가을 속
햇빛 짧은 계곡에서 오늘
우람해진 큰 새야
네 이름 누가 불러주더냐
책 한 쪽 가득 메운 새는 온몸 비틀어
제 아무리 날개 열어도
힘차게 퍼덕일 수 없었으나
보아라, 피눈물 삼키며 또 삼키며
허공 휘저어 날개 넓힌 그는
마침내 자유인 되어 저 산 위에서
바다 한번 크게 펼치는 구나
곤두박질하는 지구 다시 내동댕이치며

시계

뺄 살 없으면서
뒤로 걷다 제자리걸음하며
생각에 잠기는 날 많아진 초침
세상 모든 일에 싫증낼 때
얼굴 흔들며 반항하더니
밥 한 숟가락에 말 많아지며
빠르게 걷는 너는
오늘도 나의 잠 빼앗으려나

수석

세상 바라보기 너무 힘들어
물기어린 눈으로 떼쓰는 너
간신히 어르고 달래 데려왔더니
손바닥 겨우 가릴 정원
맘에 안 들어
온종일 이리 기웃 저리 기웃
마음 안 여네

태풍

동구 밖 휘돌아 실 같은 사물놀이 소리
겨우 붙잡아 쫓아가네
매지구름 떠 있는 하늘에
날나리 날아다니고
땅 곳곳 깨우는 북소리
꽹과리 몇 번에 비가 와다닥 쏟아지자
흘깃
처마 밑 들여다보는 장구소리
옆에 있는 나뭇잎들, 상무 핵핵 돌리네

비온 뒤

빗소리 담을 그릇
더 이상 찾을 수 없어
산 너머 오는 햇살
한 자밤 쥐어 짜
툇마루 오른 쪽 귀퉁이에
아슬한 시선으로 묶어 두었더니
지나던 바람이 먼저
딸꾹질 쏟아 놓았네
비온 뒤에

사리포구

뱃고동소리 삼키며
밤새 먼 바다 밝히던 꽃전등
이제 어둠 밀어내며 힘겹게 눈 감은
저 고기잡이 배
닻은 내려지고
무거운 한밤 가라앉은 채
온몸 뒤트는 오징어, 오징어들
그중 몇 놈은 거칠게 껍질 벗겨지고
그날 저녁
드디어 먼 데로 배는 포구를 떠나네

화무십일홍

봄 고을에 지천으로 피어 있는 수양벚꽃
긴 머리 풀어 콧노래 부르네
땅속 개미들
가까이 더 가까이 귀 기울이고 싶어
정확하게 겨냥하여 매달렸네
너무 잡아 당겨서 일까
이제는 떠날 때 되어서인가
여기 저기 흩어져 있는 푸석푸석한 머리카락
하늘 올려다보면 머리 핑 돌고
땅 내려다볼라치면 더욱 어질어질해
얼굴까지 저릿저릿하여
옆에 있는 연못에 비춰보니
이런, 개미들 다들 어디 갔을까

노을길에서

때 아닌 소나기 퍼부어
눈동자 커졌는가
갈매기도 사라진
강둑에 열린
어린 날의 학교 길
오늘은 눌러 앉아 버린 노을 속에
나의 그림자 얹어보네

햇살 튀기는 소리

무명 한 필 끊어다가
초 한 자루로
바람 빠진 산 가두고
소리 없는 물 잡아두네
신문지 덮어 다리미로 꼭꼭 누르자
가을하늘 사이로
산이 살랑대고
햇살 튀기는 소리

도롱뇽

하늘과 가장 가까운 곳이니
아마도 하늘의 뜻과 소리도
가장 먼저 닿지 않을까
꽃 피는 봄
도롱뇽이 고고한 첫 울음 내지른 채
돌 틈바구니 이곳저곳 잘도 왔다 갔다 한다기에
한달음에 달려왔네
햇살 몰아치는 나무계단에
아무렇게나 주저앉았을 때
그때 내 곁에 움직이는 것이 있네
겁에 잔뜩 찬 순한 눈빛으로
나뭇가지 사이를 파고 들어가 빼꼼이 바라보다가
내게는 해칠 의향이 조금도 없음을 알고
조곤조곤 말을 꺼내는 그
자신에 피부는 절대 민감성이라서
피톤치트가 생성되는 곳 아니면 도저히 살 수 없고
또한 아토피가 심하다 보니
공해가 전혀 없는
일급수에 공기만 마셔야 한다나
그런 곳만 찾아서 걷다보니

어느 사이에 피부색은
일부러 태울 필요 전혀 없이 구릿빛이 되었고
피부결은 항상 매끈매끈 거린다고
눈망을 역시 눈을 떴을 때나 살짝 감았을 때나
호수처럼 깊고 그윽하고 섹시하다고
목을 빼며 종알거리네
적응하기 힘든 이 친구
빨리 헤어지고 싶은 마음 굴뚝같지만
누구와의 인연도 끊지 말라는 나의 길 경구 떠올라
그대로 주저앉네

오이도

흐름이 멈춰버린 포구에는 물울음마저 잦네
뱃고동 짤막하게 울다 가버린
그곳 갯벌을 맨,발,로,걷,기
시든 심장 같은 꽃등이 쭈뼛쭈뼛 따라 나서네
힘겨워 눈 감은 목선의 집어등 곁에는
내 어릴 적 추웠던 우화들 서성이고
목숨처럼 흘러내린 저 닻줄
아, 수만에 오징어들도 그랬겠지
새벽이 오기 전에
가난한 목선은 또 한 번에 해탈을 향하여
이 포구를 떠나겠거니
갈 곳 없어 붙박힌 오케아노스에 발밑에서는
잦아든 물무늬들이 어육처럼 칼질당하고 있네

빗줄기

하루 종일 나무 밑 그림자 쫓아
산소리 헤치더니
오랜만에 낮잠 푸지게 자는 몇 마리 새
일제히 깨우는
아직 여름걷기에 서툰 빗줄기
뜨겁게 달구어진 휴화산
무심코 한 번 밟고
온 산에 흥건히 쌓이는
소리. 소리. 소리들

삼보일배

무엇이 저리도 절절한가
나무들에게 물어 볼 거나
호박잎 짙푸르게 하늘 덮을 때
저마다 등신불 켜 들고
태양도 비껴 간 자국에서
사흘 동안 나무들 달랜 끝에
그만 붉은 울음 터뜨리네

천기누설

하늘에 닿고 싶어
자주 하늘 보던 나는
큰 키 구부린 그가
창문 두드리면
하늘소식 듣고 싶어
얼른 문 열지만
그는 이야기 할 듯 말 듯 하다가
그대로 주저 앉네

꽃비주의보

머리에 꽃 꽂은
멧종다리 한 쌍
노란햇살 한 숟가락 푸욱 떠서
흙 알갱이와 더불어
뜨겁게 달군 돌 위에 올려 놓으면
가장자리부터 시작하는
지레,
꽃들이 또 터지는 고소한 소리

3부

소나기

한때 소나기라는 기상예보
빗나가기 일쑤더니
오늘은 스물스물 땅이 용트림하더니
가쁜 숨 내쉬네
급기야 늪지에 갈대같은 속삭임
그녀는 바람이 단단히 들은 것 같네
한번 본 그와의 무도회
무도회장 지붕 위에는 천사들에 중얼거림
난생 처음 입어보는 드레스 흔들며
춤을 추는 그녀에 가슴속에서는
기쁨으로 가득 차 있네
그때 요란한 기계음소리
시간 다 되었다는 천사의 말 끝나기도 전에
그녀는 구석에서 떨다가
말없이 돌아서네

파도

내가 어렸을 때
우리 동네에는 재주꾼 아저씨가 있었네
그는 직접 외줄타기도 하고
다람쥐를 쳇바퀴에 태울라 치면
꼬마군단들에 기립박수 받곤 했지
그러던 나는 학교에 가면서
동네를 도는 시간이 점점 줄었고
기억해야 할 것 많아졌지
한번 씩 생각나던 그를 이곳에서 볼 줄이야
바퀴 탄 채 다소곳이 굴러오다니
그러다가 짜증이 나는지
일이 안 풀리는지
온몸 시퍼렇게 멍이 들도록
힘껏 바위에 부딪치기도 하네

힘

잡스런 생각들 떨치려
하루 종일 종종걸음 쳤더니
맥이 풀리네
땅에 기운 받으려 뒷산에 올라
맨발로 흙을 밟을 때
나뭇가지와 가지 사이 뚫고
바위에 걸터앉은 노을
그 옆에 다소곳이 앉아
힘을 충전하네, 그는

아까시

오늘 봄 산이 축 늘어져
옆에 다가서기에
쫑긋 귀를 세우네
그 역시 머리칼이
희끗희끗하다는 귓속말
지나는 바람이
이 소리 듣자마자
새치 뽑는다고
한바탕
봄 산 휘젓네

시깎기

웃음이 자라지 않는 철공장
요란한 기계소리에
철덩어리 집어넣어
조이고 깎더니
그 조임 풀어
눈에 대 보았다가
또 조이고 깎아
겨우 나온 나사못 하나
그제야 장갑 낀 손에
덜 자란 웃음
대롱대롱 매달리네

수련

땅 냄새 점점 희미해져
바닥에 앉아 책 읽었더니
허리가 고장 났나
병원 가서 차례 기다리는데
액자 속에 활짝 피어 있는
엑스레이 찍은 수련,
한 여름
작달비 한 바탕 퍼붓고 나자
그도 덜컥 허리 다쳤나
물 위에 기우뚱 걸쳐 있기에
살며시 데려와 엑스레이 찍어보니
하얀 실오라기 같은 통증
얼키고 설켜 있네

빗방울과 바람에 무게

후두득후두둑
고바위 오르는데 숨가빠하자
슬그머니 뒤 밀어주는 바람
댓 발이나 입 쑥 빼문 나는,
미루나무 꼭대기
바람에 흔들릴 때마다
그가 새털같이 가벼운가 하다가
땅바닥 불불 기는 모습에는
삐죽빼죽 고개 흔드네
그래도 나를 요리조리 끌고 다님은
나보다는 무거운 것 아니겠어

따지기 강

삼월 삼짇날
햇빛 매우 좋기에
곱게 한지 바르려 문짝채 뜯어
제비가 몰고 온 햇살
문살 틈틈이에 채우네
밀가루 개어 걸쭉하게 쑨 풀 덩이
창호지에 척척 발라
꾸덕꾸덕해 졌을 때
강물 위에 내려앉은 치자 빛 종소리
손톱 끝 만 한 소리 틈에
달빛까지 떠오르자
넓어지고 길어진 노란 구멍
꽃잎 들 하나 둘 떨어져
그 구멍 메우네

감나무 집

방 빼라는 날짜 바득바득 다가오는데
딸린 자식 너무 많은 그녀
가는 데마다 손사래 치자
며칠 전에 재개발로 텅 빈 감나무 집
방 구할 때까지 남몰래 숨어들었으니
마음 놓고 웃을 수도
큰 소리로 떠들 수도 없는 아이들
온몸에 맥이 풀리고
점점 말수 줄어드는 모습에
눈물만 뚝뚝 떨어뜨리네

그림자 밟기

바늘 떨어지는 소리에도
눈이 점점 커질 것 같은 이곳에
종잇장처럼 얇은 봄이 왔네요
홀로
당신에 이름 부른 지
벌써 몇 해가 흘렀군요
오후에는 한강물 발자국에
진혼곡이 그림자 밟기 하자
감히 하늘 우러르지 못하는 까치 한 쌍
나무와 나무 사이 비집고 달려와
담상담상한 바람둘레 물끄러미 바라보다
머리 조아리네요

봉선화

능수버들이 어깨에 힘
잔뜩 뺄 때
투박한 질방구리에
이야기 하나 가득 담아
샘터르 나왔는데
그곳에서도 입 꼭 다믈어
이제는 듣는 것에 익숙해진
그대 봉선화여

나의 땅, 너의 땅

걸어도 걸어도 끝이 없는 지구
오늘은 들꽃만이 수북하고
햇빛조차 와글대지 않는구나
아파트 한 모퉁이에서는
누가 땅따먹기 하느냐
여기는 내 땅 저기는 너희 땅
하늘을 보네
계절은 햇빛을 서둘러 삼키고
나무를 감싸고 있는 건
한 마리 벌레인가
지금은 누가 겨울로 가고 있느냐
누가

야생마
- 검룡소

당 단풍나무 아래서
백마에 갈기 쓸어내리는 햇살
그 손길 너무 부드러웠나
갑자기 큰 키 자랑하고 싶어
벌떡 일어서니
와지끈
가지 부러져 엉덩이 철썩 때리자
폭풍우 치는 듯한 콧김소리
정신없이 달리다 멈춰
몸 오로 꼰 채
아직도 꼭 잡고 있는 갈기 속 햇살
새파랗게 질려있네

단풍

머리채 너머로 기다랗게
껄껄 웃을 때가 온 것 같네
아침마다 오르는 그 산길
속으로 토하는 계절에 울분
아니, 천둥 내리치는
산꼭대기에 올라서면
하늘 향해 끊임없이
돌 쌓는 우리 손짓을

출렁다리

힐끔힐끔
서로에 눈치 살피면서
한 곳에 모여
카메라셔터만 누르네
양 쪽 밧줄 꽉 움켜쥐고
아두렇지도 않은 듯
성큼성큼 걸어 가네
먼 산 응시한 채
절대 아래는 내려다보지 않고
나오는 대로 말 내뱉으며
빠르게 빠르게 건너가네

피아노

부드러운 바람 한 자락에도
손아귀 힘 스르르 풀려
저절로 꽃 눈 내리기에
비바람에 쌓여가는 그 소리 궁금해
우산 쓴 채 달려가는 수양벚꽃 길
무지막지한 바람 사정없이 들락거려
우산 살 겨우 붙들고 벚나무 아래 섰을 때
그제야 생각난 듯
하늘하늘 떨어지는 꽃잎들
한걸음 물러 서 올려다보니
송이송이 꽃 이파리
세찬 비바람 피해
용케 가지 사이로 숨어드네

고양이울음

고양이울음
장독대에 꽉 차 있어
살그머니 발끝에 힘 주네
으밀아밀
항아리 사이로 달막대는 고양이 모녀
헛기침 한 방에
개망초 꽃잎에 햇빛 스미듯
훌쩍
담장 넘는 어미
아직 깜냥 부족해
낑낑대는 새끼 걱정스러워
건너편 채 떠나지 못하는 어미

눈빛

큐대가 등 떠밀어
부딪치는 눈빛과 눈빛
번쩍, 마른번개 치고
비까지 내려 촉촉해지네
구석 찾아 뜨거운 밀어 속삭이는 그들
온몸 새카맣게 불타올라
제 명 못 채우고 저 세상으로 떠나네
처음 눈빛 잊지 못해
이리 저리 왔다 갔다
다른 눈빛 마주치지만
떠난 눈빛 끝내 못 잊어
그 자리에서 뛰어 내리네

수양벚나무와 버섯

주소라도 알아둘 걸
그녀는 항상 그들에게 둘러싸여 나타났어
인기가 최고였으니까
풍성한 머리카락 바람에 나부끼면
저만치 가던 그들 모여 들었지
한 해도 거르지 않고 그녀 찾는 나
그런데 올해에는 아직 안 보이네
어디 아픈가
그녀가 있던 자리 이렇게 바람 부는데
어, 저건 뭐지
벌써 왔다 간다는 표시인가
아니면 매년 와 주어 고맙다는 징표인가

4부

낙산 달

양쪽 끝이 다 닳을 수 밖에
석양 쓸어 낸 그 자리에
모난 곳 하나 없는 둥근달
칼바람이 건드리기만 해도
와들와들 떠는 코스모스 이야기 들어주고
매운바람 이기지 못해 저렇게 울어쌓는
귀뚜라기에 절박함까지 귀에 닫으니
빨갛게 열이 난 모지랑이
또 다시
낙산 찬 하늘 돌고 도네

달맞이꽃

머릿속 너무 시끄러워 밤 마실 나왔네
달 바람이 쓰윽 밀려오자
앞으로 넘어질 듯 엎어진
샛노랗게 질린 월견초,
재빨리 다가가 황급히 주위 살펴도
아무것도 없구나
그때 집도의에 호령에 불 들어온 수술실
다행히 왼 팔만 축 늘어져
근처 떠돌던 나뭇가지 주워와
곱게 실로 묶었더니
회복실에 비스듬히 누운 그녀
햇살 따가워 눈 꼭 감네

길

햇빛이 너무 따가워
손가락 틈새로 겨우 보는 세상
안경점 지날 때마다
눈길 자꾸 멈추기에
큰 맘 먹고 구입해
검은 알 광채 나도록 닦은 후
색안경 쓰고 폼 잡던 날
눈앞에 길이 언틀먼틀하여
조심스레 내려오다
삐긋,
계단 한 바퀴 굴러 온몸에 멍이 들었네

시인

세상고민 다 짊어진 채
덤으로 바람까지 싣고
이리 비틀 저리 비틀
곰비임비
용쓰면서
간신히 일어서는데
거듭되는 돌쟁이는 손길
여기저기 산 속에 눈짓 남기네

바람에 키

바람이 떼 지어 다리 위로 달려가더군
그곳에는 벌써 다른 바람들
와글오글 거리네
난간에 올망졸망 붙은 그들
일렬르 서더니
두 귀 먹먹하게 준비운동하고
강물르 일제히 뛰어 들더군
나는 바람에 키가 꽤 큰 줄 알았네
항상 왔다 갔다 하면서
떨어져 있는 나를 건드리기에
팔 다리가 저렇게 길면
키는 얼마나 클까
그런데 물보라 일으키며 헤엄치는 그들은
내 팔길이 보다 약간 길었네

누렁이

햇살에 한 바퀴 구르는 누렁이
멀찌감치 던진 고깃덩이
눈씨름 끝에
잠시 눈 감았다 떴을 뿐인데
감쪽같이 사라진 고깃덩이와 누렁이
부스럭 소리 쫓아
집 앞에 세운 차 아래로
눈길 쏙 들어가 보니
때꼽재기 발 동그랗게 말아
누렁이가 가져 온 고깃덩이에 매달린 검은고양이
그 옆에 벌러덩 누운 누렁이

판소리

가을의 이곳저곳 휘 젖는 바람
갈잎 위에서 가쁜 숨 몰아쉬려고
상수리나무 꼭대기로 올라가네
뼈만 앙상히 남은 낙엽송아래서
깊은 생각에 빠진 소나무
갑작스레 불어난 무게 탓에
낙엽솔 덩치가 고함지르며 떨어지네
엉겁결에 받아 안는 소리
지나던 청설모가 두리번대네

달님

하늘 밝힌 지 얼마 안 된 달님
한줄기 바람소리에도 이렇게 몸을 떠는데
얼굴 찡그린 채
살짝 고개 돌리고
링거에 기대어
어두운 골목만 바라보는 나에게
휘영청
달님, 달빛을 이식하네

뚫어

수챗구멍에 물 내려가는 소리
쫄 쫄 쩔
온 집안 물에 잠길 것 같아
구멍 뚫는 약
흘려보아도 소용없고
하수구 뚫는 기계 들이대도
물이 내려 갈 생각조차 안 하네
별 수 없이 언 땅 파고 또 파내려
수도관 찾아 뚫으니
그제서야 물 내리기 바쁘게
시원하게 쏴악 빠지네

순간접착제

구두약 칠해 번쩍번쩍 광내어
몇 발짝 걸었을 때
덜그럭덜그럭
왼 쪽 구두 밑창
겨우 반만 걸쳐 따라오네
얼른 수선 집 찾았지만
오늘따라 아저씨는 어디 가셨나
궁여지책으로 사 온 순간접착제
공중화장실에 들어가
밑 창 완전히 뜯어낸 후
흙먼지 깨끗이 털어
접착제 골고루 바르니
이런, 멀쩡하네

너와 집

어둠불러
서로에게 어깨 빌려 기댄
그루터기

마루기둥 높이
척 걸어 놓은
짚 구럭

먹구렁이 스르르 걸어 나와
제 작년에 우물 속에 밀어 던진
이야기 꺼내며
구렁구렁 목이 메네

줄타기

누가 올려놓았을까
담벼락에 매달린 종이컵
한 발로 걸쳐 있어
아슬아슬해도 아직 떨어지지 않은 건
꽂혀있는 빨대 두 개에 균형잡기
벌써 내용물 바짝 마른 그곳에
오른 쪽에서 바람 불어오면
재빠르게 빨대 왼 편으로 돌고
직선바람 앞에서는
동시에 양 쪽으로 분리되어
용케 버티고 있네, 그는

훌라후프

4계절 겨우 두 번 맞이한 조카
훌라후프 돌리는 모습
그렇게 신기했나
허리에 걸칠 때마다
심하게 투덜대는 마루와 한참 씨름하더니
갑자기 바닥에 훌라후프 놓더니
두 팔 벌린 채
그 주위를 빙빙도네

강아지풀

잘 익은 바람
깰까 봐
까치발로
살금살금
고개 넘는
강아지풀,
구름에 얼굴
몇 번 비비대는 달님
더 이상
참을 수 없어
풀 위에
재채기 크게 쏟아 놓네

선운사

젊은 괴로 똘똘 뭉친
수 천 수만에 동박새들
어느 날
일제히 날아올라
감히 담벼락 허물다니
그리고 그곳에는
동박새들에 선혈만 뚝뚝 떨어져 있네

바람조차 밀어낸 소리

언 땅 뚫고 나온 동백꽃들
마구잡이로 바람까지 밀어내더니
그만 멈추지 못해
소리소리 지르다가
제 힘에 못 이겨
외마디 남긴 채 굴러 떨어지네

민들레

탈 속 빠져 나온 혼. 혼. 혼 들
한 자락 땅
모질게 부여잡은 초록에 한풀이보고
하늘 닫기로 겅중겅중 휘돌면
거칠어진 숨소리
어느 산자락 멀리 닿을까
바람 달려오며 지르는 소리에
가슴은 벌떡벌떡 다시 뛰고
보라, 저 들판에 눈 부릅뜬
민들리야

작은 새

하늘이 자꾸 딸꾹질하기에
문 꼭꼭 잠갔는데
새가
작은 새가
창문 두드리는 소리에
활짝 열어 제치니
새는
작은 새는
포르르 이웃집 안테나 위에서
나에 눈 찬찬히 들여다보네

탑돌이

천년 그 사이에서
용쓰는 거미남매
외줄타고 간신히 무량사 내려왔을 때
범종이 울리네
꼬박 밤 지새운 골안개 걷어내자
방랑시인의 목탁소리에
탑돌이로 공양줄 올리는 거미남매